BEI GRIN MACHT SICH IHR WISSEN BEZAHLT

- Wir veröffentlichen Ihre Hausarbeit, Bachelor- und Masterarbeit

- Ihr eigenes eBook und Buch - weltweit in allen wichtigen Shops

- Verdienen Sie an jedem Verkauf

Jetzt bei www.GRIN.com hochladen und kostenlos publizieren

Max Weber

Der Nationalstaat und die Volkswirtschaftspolitik

GRIN Verlag

Bibliografische Information der Deutschen Nationalbibliothek:

Die Deutsche Bibliothek verzeichnet diese Publikation in der Deutschen Nationalbibliografie; detaillierte bibliografische Daten sind im Internet über http://dnb.d-nb.de/ abrufbar.

Dieses Werk sowie alle darin enthaltenen einzelnen Beiträge und Abbildungen sind urheberrechtlich geschützt. Jede Verwertung, die nicht ausdrücklich vom Urheberrechtsschutz zugelassen ist, bedarf der vorherigen Zustimmung des Verlages. Das gilt insbesondere für Vervielfältigungen, Bearbeitungen, Übersetzungen, Mikroverfilmungen, Auswertungen durch Datenbanken und für die Einspeicherung und Verarbeitung in elektronische Systeme. Alle Rechte, auch die des auszugsweisen Nachdrucks, der fotomechanischen Wiedergabe (einschließlich Mikrokopie) sowie der Auswertung durch Datenbanken oder ähnliche Einrichtungen, vorbehalten.

Impressum:

Copyright © 2008 GRIN Verlag GmbH
Druck und Bindung: Books on Demand GmbH, Norderstedt Germany
ISBN: 978-3-640-23904-7

Dieses Buch bei GRIN:

http://www.grin.com/de/e-book/120310/der-nationalstaat-und-die-volkswirtschafts-politik

GRIN - Your knowledge has value

Der GRIN Verlag publiziert seit 1998 wissenschaftliche Arbeiten von Studenten, Hochschullehrern und anderen Akademikern als eBook und gedrucktes Buch. Die Verlagswebsite www.grin.com ist die ideale Plattform zur Veröffentlichung von Hausarbeiten, Abschlussarbeiten, wissenschaftlichen Aufsätzen, Dissertationen und Fachbüchern.

Besuchen Sie uns im Internet:

http://www.grin.com/

http://www.facebook.com/grincom

http://www.twitter.com/grin_com

Max Weber

Der Nationalstaat und die Volkswirtschaftpolitik

[Akademische Antrittsrede von Dr. Max Weber, o. ö. Professor der Staatswissenschaft in Freiburg i. B. , erstmalig erschienen 1895]

Vorbemerkung.

Nicht die Zustimmung, sondern der Widerspruch, welchen die nachstehenden Ausführungen bei vielen ihrer Hörer fanden, veranlaßten mich, sie zu veröffentlichen. Sachlich Neues werden sie Fachgenossen wie Andern nur in Einzelheiten bringen, und in welchem speziellen Sinn allein sie den Anspruch auf das Prädikat der „Wissenschaftlichkeit" erheben, ergiebt sich aus der Veranlassung ihres Entstehens. Eine Antrittsrede bietet eben Gelegenheit zur offenen Darlegung und Rechtfertigung des persönlichen und insoweit „subjektiven" Standpunktes bei der *Beurteilung* volkswirtschaftlicher Erscheinungen. Die Ausführungen S. 20–24 hatte ich mit Rücksicht auf Zeit und Hörerkreis fortgelassen, andere mögen beim Sprechen eine andere Form angenommen haben. Zu den Darlegungen im Eingang ist zu bemerken, daß die Vorgänge hier naturgemäß wesentlich vereinfacht gegenüber der Wirklichkeit dargestellt werden. Die Zeit von 1871–1885 zeigt in den einzelnen Kreisen und Gemeinden Westpreußens keine einheitlichen, sondern charakteristisch wechselnde Bevölkerungsbewegungen, die keineswegs durchweg so durchsichtig sind wie die herausgegriffenen Beispiele. Die Tendenz, welche an diesen zu veranschaulichen versucht ist, wird in anderen Fällen durch andere Momente durchkreuzt. Darauf werde ich demnächst ausführlicher an anderem Ort zurückkommen. Daß die Resultate, welche diese Zahlen bieten können, auf unsichereren Füßen stehen als diejenigen, welche die verdienstlichen Veröffentlichungen mehrerer Schüler *Neumanns* uns über die Nationalitätsverhältnisse in Posen und Westpreußen geliefert haben, liegt auf der Hand. Aber in Ermangelung korrekten Materials müssen wir uns vorerst mit ihnen begnügen, zumal die Erscheinungen, welche sie veranschaulichen, uns in ihren Hauptzügen bereits aus den ländlichen Enqueten der letzten Jahre bekannt sind.

Freiburg, Mai 1895.

Max Weber.

Die Fassung meines Themas verspricht weit mehr als ich heute halten kann und will. Was ich beabsichtige, ist zunächst: an *einem* *Beispiel* die Rolle zu veranschaulichen, welche die physischen und psychischen Rassendifferenzen zwischen Nationalitäten im ökonomischen Kampf ums Dasein spielen. Daran möchte ich einige Betrachtungen über die Stellung der auf nationaler Grundlage ruhenden Staatswesen – wie es das unsrige ist – im Rahmen der volkswirtschaftspolitischen Betrachtung knüpfen. – Ich wähle für jenes Beispiel einen Kreis von Vorgängen, die örtlich fern von uns sich abspielen, aber seit einem Jahrzehnt die öffentliche Aufmerksamkeit wiederholt erregt haben – und bitte Sie, mir in die Ostmarken des Reiches, auf das platte Land der preußischen Provinz *Westpreußen* zu folgen. Dieser Schauplatz verbindet die Eigenschaft eines nationalen Grenzlandes mit ungewöhnlich schroffen Unterschieden der ökonomischen und sozialen Existenzbedingungen, und dies empfiehlt ihn für unseren Zweck. Ich kann leider nicht umhin, Ihre Geduld zunächst für eine Reihe trockener Daten in Anspruch zu nehmen.

Die Provinz umschließt in ihren Landdistrikten Gegensätze von dreierlei Art.

Zunächst außerordentliche Verschiedenheiten in der *Güte des Ackerbodens*: – von den Zuckerrübenböden der Weichselebene bis auf die sandige kassubische Höhe liegen Unterschiede in der Steuerreinertragsschätzung um das 10- und 20fache. Selbst die Kreisdurchschnitte schwanken zwischen $4^{3}/_{4}$ und $33^{2}/_{3}$ Mk. pro ha.

Gegensätze ferner in der *sozialen Schichtung* der Bevölkerung, die diesen Boden bebaut. Wie im Osten überhaupt, kennen auch hier die amtlichen Aufnahmen neben der „Landgemeinde" eine zweite dem Süden unbekannte Form der kommunalen Einheit: den „Gutsbezirk". Und dem entsprechend heben sich im Landschaftsbilde zwischen den Dörfern der Bauern die Rittergüter ab, die Sitze der Klasse, welche dem Osten sein soziales Gepräge giebt: der Junker –, Herrenhöfe, umgeben von den einstöckigen Kathen, welche der Gutsherr nebst Ackerstücken und Weide den Tagelöhnern anweist, die das Jahr über zur Arbeit auf dem Hofe verpflichtet sind. Etwa je zur Hälfte ist die Fläche der Provinz zwischen beide verteilt. Aber in den einzelnen Regionen schwankt der Anteil der Gutsbezirke von wenigen Prozenten bis zu ⅔ der Fläche der Kreise.

Endlich innerhalb dieser dergestalt in zweifacher Art sozial geschichteten Bevölkerung der dritte Gegensatz: derjenige der *Nationalitäten*. Und auch die nationale Zusammensetzung der Bevölkerung der einzelnen Gemeindeeinheiten ist regional eine verschiedene. *Diese* Verschiedenheit ist es, welche uns interessiert. Dichter wird das Polentum zunächst – natürlich – mit Annäherung an die Grenze. Es nimmt aber ferner, wie jede Sprachenkarte zeigt, *zu* mit *ab*nehmender Güte des Bodens. Das wird man – nicht überall mit Unrecht – zunächst historisch erklären wollen aus der Art der deutschen Okkupation, welche zuerst das fruchtbare Weichselthal überflutete. Allein wenn man nun weiter fragt: welche *sozialen Schichten* sind auf dem Lande die Träger des Deutschtums und des Polentums? – so zeigen uns die Ziffern der bisher zuletzt publizierten[1] Bevölkerungsaufnahme von 1885 ein merkwürdiges Bild. Aus dieser Aufnahme können wir zwar die nationale Zusammensetzung der Gemeinden nicht direkt, wohl aber – wenn wir uns mit einer nur annähernden Richtigkeit der Ziffern zufrieden geben – indirekt entnehmen: durch das Mittelglied der Konfession, die innerhalb des für uns in Betracht kommenden national gemischten Gebietes mit der Nationalität bis auf wenige Prozente zusammentrifft. Scheiden wir die ökonomischen Kategorien der Bauerndörfer und der Rittergüter in den einzelnen Gegenden, indem wir sie, gleichfalls ungenau, mit den Kommunaleinheiten[2] der Landgemeinden bezw. Gutsbezirken identifizieren, so zeigt sich, daß sie sich je nach der Bodengüte in Bezug auf ihre nationale Zusammensetzung *entgegengesetzt* von einander verhalten: in den fruchtbaren Kreisen sind die Katholiken, d. h. die *Polen*, relativ am stärksten auf den *Gütern* und die Evangelischen, d. h. die *Deutschen*, in den *Dörfern* zu finden, – und gerade umgekehrt steht es in den Kreisen mit schlechtem Boden. Faßt man z. B. die Kreise mit unter fünf Mark Durchschnittssteuerreinertrag pro Hektar zusammen, so sind in den Dörfern nur 35,5 %, auf den Gütern 50,2 % Evangelische, nimmt man dagegen die Kreisgruppe, welche 10 bis 15 Mark Durchschnittssteuerreinertrag pro Hektar umfaßt, so sind die Evangelischen in den Dörfern mit 60,7 %, auf den Gütern nur mit 42,1 % beteiligt. Wie kommt das? Warum sind in der Ebene die Güter, auf der Höhe die Dörfer die Sammelbecken des Polentums? Eins sieht man alsbald: *die Polen haben die Tendenz sich in der ökonomisch und sozial niedrigst stehenden Schicht der Bevölkerung anzusammeln.* Auf den guten Böden, zumal der Weichselebene, stand der Bauer in seiner Lebenshaltung stets über dem Gutstagelöhner, auf den schlechten Böden dagegen, die rationell nur im Großen zu bewirtschaften waren, war das Rittergut der Träger der Kultur und damit des Deutschtums, die kümmerlichen Kleinbauern stehen dort in ihrer Lebenshaltung noch heute *unter* den Gutstagelöhnern. Wüßten wir das nicht ohnehin – der Altersaufbau der Bevölkerung ließe es uns vermuthen. Steigt man in den *Dörfern* von der Ebene zum Höhenrücken hinauf, so steigt der Anteil der Kinder unter 14 Jahren von 35–36 % mit abnehmender Bodengüte bis auf 40–41 %, – und wenn man damit die *Güter* vergleicht, so ist in der Ebene der Anteil der Kinder größer als in den Dörfern, steigt nach der Höhe zu, aber langsamer als in den Dörfern, und bleibt *auf* derselben hinter ihnen zurück. Die große Kinderzahl heftet sich hier wie überall an die Fersen der niedrigen Lebenshaltung, welche die Erwägungen der Fürsorge für die Zukunft erstickt. – Wirtschaftliche Kultur, relative Höhe der Lebenshaltung und *Deutschtum* sind in Westpreußen identisch.

Und doch konkurrieren beide Nationalitäten seit Jahrhunderten auf demselben Boden unter wesentlich gleichen Chancen mit einander. Worin ist also jene Scheidung begründet? Man ist alsbald versucht, an eine auf physischen und psychischen Rassenqualitäten beruhende

Verschiedenheit der *Anpassungsfähigkeit* der beiden Nationalitäten an die verschiedenen ökonomischen und sozialen Existenzbedingungen zu glauben. Und in der That ist dies der Grund, – der Beweis dafür liegt in der Tendenz, welche in der *Verschiebung* der Bevölkerung und der Nationalitäten zu Tage tritt und welche zugleich das Verhängnißvolle jener verschiedenen Anpassungsfähigkeit für das Deutschtum des Ostens erkennen läßt.

Es stehen uns zur Beobachtung der Verschiebungen in den einzelnen Gemeinden allerdings nur die Zahlen von 1871 bis 1885 zum Vergleich zur Verfügung, und diese lassen uns den Anfang einer Entwicklung erst undeutlich erkennen, die sich seither nach allem, was wir wissen, außerordentlich verstärkt fortsetzt. Die Deutlichkeit des Zahlenbildes leidet ja überdies naturgemäß durch die notgedrungene, aber nicht ganz genaue Gleichsetzung von Konfession und Nationalität einerseits, Verwaltungseinteilung und sozialer Gliederung andererseits. Allein trotzdem sehen wir das, worauf es ankommt, deutlich genug. – Die Landbevölkerung der Provinz, wie diejenige großer Teile des Ostens überhaupt, zeigte während des Zeitraumes von 1880–1885 eine Tendenz zur *Abnahme*: in Westpreußen betrug sie 12 700 Köpfe, d. h., während die Bevölkerung des Reiches sich um etwa 3½ % vermehrt hat, verminderte sie sich um 1¼ %. Auch diese Erscheinung, wie die bisher besprochenen, verteilt sich aber ungleich: in manchen Kreisen steht ihr eine Zunahme der Landbevölkerung gegenüber. Und zwar ist die Art, *wie* sich beide verteilen, recht eigentümlich. Nehmen wir zunächst die verschiedenen Bodenqualitäten, so wird Jeder vermuten: die Abnahme wird am stärksten die *schlechtesten* Böden betroffen haben, wo unter dem Druck der sinkenden Preise der Nahrungsspielraum zuerst zu eng werden mußte. Sieht man sich die Zahlen an, so zeigt sich: das *Umgekehrte* ist der Fall: gerade eine Reihe der gesegnetsten Kreise: Stuhm und Marienwerder z. B. mit rund 15–17 Mark Durchschnittsreinertrag, hatten den stärksten *Abfluß*: 7–8 %, während auf der Höhe die Kreise Konitz, Tuchel mit 5–6 Mark Reinertrag mit die stärkste schon seit 1871 konstante

Vermehrung erlebten. Man sucht nach Erklärung und fragt zunächst: welche sozialen Schichten sind es, denen einerseits jener Abfluß entstammte, und denen andererseits diese Vermehrung zu Gute kam? Sieht man sich die Kreise mit starken Verminderungsziffern an, Stuhm, Marienwerder, Rosenberg, so sind es durchweg solche, in denen der *große Grundbesitz* besonders stark herrscht, und betrachtet man nun weiter die *Guts*bezirke der ganzen Provinz zusammen, so kommen, trotzdem sie 1880 auf derselben Bodenfläche ohnehin eine um zwei Drittel geringere Volkszahl aufwiesen als die Dörfer, doch fast ¾ der Verminderung der Landbevölkerung, über 9000 Köpfe, auf sie allein: ihre Bevölkerung hat um etwa 3¾ % abgenommen. Aber auch *innerhalb* der Güter ist diese Abnahme wieder verschieden verteilt, teilweise fand Zunahme statt, und wenn man die Gegenden mit starker Abnahme der Gutsbevölkerung aussondert, so zeigt sich: gerade die Güter auf *guten* Böden haben einen besonders starken Abfluß erlebt.

Die *Zunahme* der Bevölkerung dagegen, welche auf den schlechten Böden der Höhe stattfand, ist vornehmlich den *Dörfern* zu Gute gekommen, und gerade den Dörfern auf *schlechten* Böden am stärksten, im Gegensatz zu den Dörfern der Ebene. *Abnahme der Tagelöhner* der Güter auf den *besten* Böden, *Zunahme der Bauern* auf den *schlechten* also ist die Tendenz. Um was es sich dabei handelt und wie das zu erklären ist, wird klar, wenn man schließlich auch hier fragt: wie sich die *Nationalitäten* zu diesen Verschiebungen verhalten.

Das Polentum im Osten schien in der ersten Hälfte des Jahrhunderts langsam und stetig zurückgedrängt zu werden, seit den 60iger Jahren aber ist es, wie bekannt, ebenso langsam und stetig im Vordringen begriffen. Das letztere ergeben für Westpreußen die Spracherhebungen trotz ihrer mangelhaften Grundlagen doch auf das Deutlichste. Nun kann die Verschiebung einer Nationalitätengrenze auf zweierlei, grundsätzlich zu scheidende, Arten sich vollziehen. – Einmal so, daß nationalen Minderheiten im national gemischten Gebiet Sprache und Sitte der Mehrheit allmählich oktroyiert wird, daß sie „aufgesogen" werden. Auch diese Erscheinung findet sich im Osten: sie vollzieht sich statistisch nachweisbar an den Deutschen katholischer Konfession. Das kirchliche Band ist hier stärker als das nationale, Reminiszenzen aus dem Kulturkampf spielen mit, und der Mangel eines deutsch erzogenen Klerus läßt sie der nationalen Kulturgemeinschaft verloren gehen. Wichtiger aber und für uns interessanter ist die zweite Form der Nationalitätenverschiebung: die *ökonomische Verdrängung.* – Diese liegt hier vor. Prüft man die Verschiebungen des Anteils der Konfessionen in den ländlichen Gemeindeeinheiten 1871–1885, so zeigt sich: der Abfluß der Gutstagelöhner ist regelmäßig mit einer relativen Abnahme des Protestantismus in der Ebene, die Zunahme der Dorfbevölkerung auf der Höhe mit einer relativen Zunahme des Katholizismus verknüpft[2]. *Es sind vornehmlich deutsche Tagelöhner, die aus den Gegenden mit hoher Kultur abziehen, es sind vornehmlich polnisch Bauern, die in den Gegenden mit tiefem Kulturstand sich vermehren.*

Beide Vorgänge aber – der Abzug hier, die Vermehrung dort – führen in letzter Linie auf einen und denselben Grund zurück: die *niedrigeren Ansprüche an die Lebenshaltung* – in materieller teils, teils in ideeller Beziehung –, welche der slawischen Rasse von der Natur auf den Weg gegeben oder im Verlaufe ihrer Vergangenheit angezüchtet sind, verhalfen ihr zum Siege.

Warum ziehen die deutschen Tagelöhner ab? Nicht materielle Gründe sind es: nicht aus den Gegenden mit niedrigem Lohnniveau und nicht aus den schlecht gelohnten Arbeiterkategorien rekrutiert sich der Abzug; kaum eine Situation ist materiell gesicherter als die eines Instmanns auf den östlichen Gütern. – Auch nicht die vielberufene Sehnsucht nach den Vergnügungen der Großstadt. Sie ist ein Grund für das planlose Wegwandern des jungen Nachwuchses, aber nicht für den Abzug altgedienter Tagelöhnerfamilien, – und warum erwacht jene Sucht gerade da unter den Leuten, wo der Großbesitz vorherrscht, warum können wir nachweisen, daß die Abwanderung der Tagelöhner abnimmt, je mehr das *Bauerndorf* die Physionomie der Landschaft beherrscht? *Dies* ist es: zwischen den Gutskomplexen der Heimat giebt es für den Tagelöhner nur Herren und Knechte, und für seine Nachfahren im fernsten Glied nur die Aussicht, nach der Gutsglocke auf fremdem Boden zu scharwerken. In dem dumpfen, halbbewußten Drang in die Ferne liegt ein Moment eines primitiven Idealismus verborgen. Wer es nicht zu entziffern vermag, der kennt den Zauber der *Freiheit* nicht. In der That: selten berührt uns heute ihr Geist in der Stille der Bücherstube. Verblichen sind die naiv freiheitlichen Ideale unserer frühen Jugend, und manche von uns sind vorzeitig alt und allzu klug geworden und glauben, einer der urwüchsigsten Triebe der Menschenbrust sei mit den Schlagworten einer niedergehenden politischen und wirtschaftspolitischen Anschauung zu Grabe getragen worden.

Es ist ein massenpsychologischer Vorgang: die deutschen Landarbeiter vermögen sich den *sozialen* Lebensbedingungen ihrer Heimat nicht mehr anzupassen. Über ihr „Selbstbewußtsein" klagen uns Berichte der Gutsherrn aus Westpreußen. Das alte patriarchalische Gutshintersassen-Verhältnis, welches den Tagelöhner als einen anteilsberechtigten Kleinwirt mit den landwirtschaftlichen Produktionsinteressen unmittelbar verknüpfte, schwindet. Die Saisonarbeit in den Rübenbezirken fordert Saisonarbeiter und Geldlohn. Eine rein proletarische Existenz steht ihnen in Aussicht, aber ohne die Möglichkeit jenes kraftvollen Aufschwungs zur ökonomischen Selbstständigkeit, welche das in den Städten örtlich zusammengeschlossene Industrieproletariat mit Selbstbewußtsein erfüllt. – Diesen Existenzbedingungen sich zu fügen vermögen diejenigen besser, welche an die Stelle der Deutschen treten, die polnischen Wanderarbeiter, Nomadenzüge, welche durch Agenten in Rußland geworben im Frühjahr zu Zehntausenden über die Grenze kommen, im Herbst wieder abziehen. Zuerst im Gefolge der Zuckerrübe, welche den Landwirtschaftsbetrieb in ein Saisongewerbe verwandelt, treten sie auf, dann allgemein, weil man an Arbeiterwohnungen, Armenlasten, sozialen Verpflichtungen spart, weil sie ferner als Ausländer prekär gestellt und deshalb in der Hand des Besitzers sind. Der ökonomische Todeskampf des alten preußischen Junkertums vollzieht sich unter diesen Begleiterscheinungen. Auf den Zuckerrübengütern tritt an die Stelle des patriarchalisch schaltenden Gutsherrn ein Stand industrieller Geschäftsleute, – und auf der Höhe bröckelt unter dem Druck der landwirtschaftlichen Notlage das Areal der Güter von außen her ab, Parzellenpächter- und Kleinbauernkolonieen entstehen auf ihren Außenschlägen. Die ökonomischen Fundamente der Machtstellung des alten Grundadels schwinden, er selbst wird zu etwas anderem, als er war. –

Und weshalb sind es die *polnischen* Bauern, die an Terrain gewinnen? Ist es ihre überlegene ökonomische Intelligenz oder Kapitalkraft? Es ist vielmehr das Gegenteil von beiden. Unter einem Klima und auf einem Boden, welche neben extensiver Viehzucht wesentlich Getreide- und Kartoffelproduktion gestatten, ist hier Derjenige am wenigsten durch die Ungunst des Marktes bedroht, der seine Produkte dahin bringt, wo sie durch den Preissturz am wenigsten entwertet werden: in seinen eigenen Magen: – der für seinen *Eigenbedarf* produziert. Und wiederum ist Derjenige begünstigt, der seinen Eigenbedarf am *niedrigsten* bemessen kann, die geringsten Ansprüche an die Lebenshaltung in physischer und ideeller Beziehung macht. Der polnische Kleinbauer im Osten ist ein Typus sehr abweichender Art von dem geschäftigen Zwergbauerntum, welches Sie hier in der gesegneten Rheinebene durch Handelsgewächsbau und Gartenkultur sich an die Städte angliedern sehen. Der polnische Kleinbauer gewinnt an Boden, weil er gewissermaßen das Gras vom Boden frißt, nicht *trotz*, sondern *wegen* seiner tiefstehenden physischen und geistigen Lebensgewohnheiten. –

Ein *Ausleseprozeß* also scheint es zu sein, den wir sich vollziehen sehen. Beide Nationalitäten sind in die gleichen

Existenzbedingungen seit langer Zeit hineingestellt. Die Folge war *nicht*, daß sie, wie der Vulgärmaterialismus sich vorstellt, die gleichen physischen und psychischen Qualitäten annahmen, sondern daß die eine der andern weicht, daß diejenige siegt, welche die größere Anpassungsfähigkeit an die gegebenen ökonomischen und sozialen Lebensbedingungen besitzt.

Diese verschiedene Anpassungsfähigkeit selbst bringen sie, so scheint es, als feste Größe mit, sie könnte vielleicht im Verlaufe generationenlanger Züchtungsprozesse so, wie sie in Jahrtausenden entstanden sein mag, wieder verschoben werden, aber für die Erwägungen der Gegenwart ist sie ein Moment, mit welchem wir als gegeben zu rechnen haben[4]. –

Nicht immer – das sehen wir – schlägt, wie die Optimisten unter uns meinen, die Auslese im freien Spiel der Kräfte zugunsten der ökonomisch höher entwickelten oder veranlagten Nationalität aus. Die Menschengeschichte kennt den Sieg von niedriger entwickelten Typen der Menschlichkeit und das Absterben hoher Blüthen des Geistes- und Gemütslebens, wenn die menschliche Gemeinschaft, welche deren Träger war, die Anpassungsfähigkeit an ihre Lebensbedingungen verlor, es sei ihrer sozialen Organisation oder ihrer Rassenqualitäten wegen. In unsrem Fall ist es die Umgestaltung der landwirtschaftlichen Betriebsformen und die gewaltige Krisis der Landwirtschaft, welche der in ihrer ökonomischen Entwicklung tiefer stehenden Nationalität zum Siege verhilft. Parallel mit einander wirken der emporgezüchtete Rübenanbau und die Unrentabilität der Absatzproduktion von Cerealien nach der gleichen Richtung: der erstere züchtet die polnischen Saisonarbeiter, die letztere die polnischen Kleinbauern. –

Blicken wir zurück auf die erörterten Thatsachen, so bin ich, wie ich gern bekenne, völlig außer stande, theoretisch die Tragweite der etwa daraus zu entnehmenden allgemeinen Gesichtspunkte zu entwickeln. Die unendlich schwierige und zur Zeit sicherlich nicht zu lösende Frage, *wo* die Grenze für die Variabilität physischer und psychischer Qualitäten einer Bevölkerung unter dem Einfluß der Lebensverhältnisse, in die sie gestellt wird, liegt, wage ich nicht auch nur anzurühren.

Unwillkürlich fragt dagegen jeder vor allen Dingen: was kann und soll hier geschehen?

Gestatten Sie aber, daß ich es unterlasse, bei dieser Gelegenheit ausführlicher darüber zu sprechen, und mich begnüge, kurz die beiden Forderungen anzudeuten, die m. E. vom Standpunkt des Deutschtums zu stellen sind und thatsächlich mit wachsender Einmütigkeit gestellt werden. Die eine ist: Schließung der östlichen Grenze. Sie war verwirklicht unter dem Fürsten Bismarck und ist nach seinem Rücktritt 1890 wieder beseitigt worden; dauernde Ansiedlung blieb den Fremdlingen versagt, aber als Wanderarbeiter wurden sie zugelassen. Ein „klassenbewußter" Großgrundbesitzer an der Spitze Preußens schloß sie aus im Interesse der Erhaltung unserer Nationalität – und der verhaßte Gegner der Agrarier ließ sie zu im Interesse der Großgrundbesitzer, welche *allein* von ihrem Zuzug Vorteil haben: nicht immer, das zeigt sich, entscheidet der „ökonomische Klassenstandpunkt" in Dingen der Wirtschaftspolitik, – *hier* war es der Umstand, daß das Steuerruder des Staates aus einer starken Hand in eine schwächere fiel. – Die andere Forderung ist: systematischer Bodenankauf seitens des Staates, also Erweiterung des Domänenbesitzes einerseits, und systematische Kolonisation deutscher Bauern auf geeigneten Böden, namentlich auf geeigneten Domänen, andererseits. Großbetriebe, welche nur auf Kosten des Deutschtums zu erhalten sind, sind vom Standpunkt der Nation werth, daß sie zu Grunde gehen, und sie sich selbst überlassen heißt im Wege der allmählichen Abparzellierung existenzunfähige slavische Hungerkolonien entstehen lassen. Und nicht nur das Interesse an der Hemmung der slavischen Flut ruft nach der Ueberführung bedeutender Teile des östlichen Bodens in die Hand des Staates, sondern auch die vernichtende Kritik, welche die Grundbesitzer selbst an dem Fortbestand ihres Privateigentums üben durch das Verlangen, in Gestalt des Getreidemonopols und einer Kontribution von ½ Milliarde jährlich ihnen das Risiko, die Selbstverantwortlichkeit für ihren Besitz, seinen einzigen Rechtfertigungsgrund, abzunehmen[5]. –

Allein, wie gesagt, nicht diese praktische Frage der preußischen Agrarpolitik möchte ich heute besprechen. Ich möchte vielmehr an die Thatsache anknüpfen, daß eine solche Frage bei uns Allen überhaupt entsteht, daß wir das Deutschtum des Ostens als solches für etwas halten, das geschützt werden und für dessen Schutz auch die Wirtschaftspolitik des Staates in die Schranken treten soll. Es ist der Umstand, daß unser Staatswesen ein Nationalstaat ist, welcher uns das Recht zu dieser Forderung empfinden läßt.

Wie verhält sich aber die volkswirtschaftspolitische Betrachtung dazu? Sind für sie derartige nationalistische Werturteile Vorurteile, deren sie sich sorgsam zu entledigen hat, um ihren eigenen Wertmaßstab, unbeeinflußt durch Gefühlsreflexe, an die ökonomischen Thatsachen legen zu können? Und welches ist dieser „eigene" Wertmaßstab der Volkswirtschaftspolitik? Dieser Frage möchte ich in einigen weiteren Ueberlegungen näher zu kommen versuchen. –

Auch unter dem Schein des „Friedens", das zeigte sich uns, geht der ökonomische Kampf der Nationalitäten seinen Gang. Nicht im offenen Streit werden die deutschen Bauern und Taglöhner des Ostens durch politisch überlegene Feinde von der Scholle gestoßen: im stillen und öden Ringen des ökonomischen Alltagslebens ziehen sie einer tieferstehenden Rasse gegenüber den Kürzeren, verlassen die Heimat und gehen dem Untertauchen in eine dunkle Zukunft entgegen. Es gibt keinen Frieden auch im wirtschaftlichen Kampf ums Dasein; nur wer jenen Schein des Friedens für die Wahrheit nimmt, kann glauben, daß aus dem Schoße der Zukunft für unsere Nachfahren Frieden und Lebensgenuß erstehen werde. Wir wissen es ja: die Volkswirtschaftspolitik ist der vulgären Auffassung ein Sinnen über Rezepten für die Beglückung der Welt – die Besserung der „Lustbilanz" des Menschendaseins ist für sie das einzig verständliche Ziel unserer Arbeit. Allein: schon der dunkle Ernst des Bevölkerungsproblems hindert uns, Eudämonisten zu sein, Frieden und Menschenglück im Schoße der Zukunft verborgen zu wähnen und zu glauben, daß anders als im harten Kampf des Menschen mit dem Menschen der Ellenbogenraum im irdischen Dasein werde gewonnen werden.

Es giebt sicherlich keine volkswirtschaftspolitische Arbeit auf anderer als altruistischer Grundlage. Die Früchte alles wirtschafts- und sozialpolitischen Strebens der Gegenwart kommen in ihrer gewaltigen Ueberzahl nicht der lebenden Generation, sondern der künftigen zugute. Unsere Arbeit ist und kann, wenn sie einen Sinn behalten soll, nur sein wollen Fürsorge für die *Zukunft*, für unsere *Nachfahren*. Aber es giebt auch keine volkswirtschaftspolitische Arbeit auf der Grundlage optimistischer Glückshoffnungen. Für den Traum von Frieden und Menschenglück steht über der Pforte der unbekannten Zukunft der Menschengeschichte: lasciate ogni speranza.

Nicht wie die Menschen der Zukunft sich *befinden*, sondern wie sie *sein* werden, ist die Frage, die uns beim Denken über das Grab der eigenen Generation hinaus bewegt, die auch in Wahrheit jeder wirtschaftspolitischen Arbeit zugrunde liegt. Nicht das Wohlbefinden der Menschen, sondern diejenigen Eigenschaften möchten wir in ihnen emporzüchten, mit welchen wir die Empfindung verbinden, daß sie menschliche Größe und den Adel unserer Natur ausmachen.

Abwechselnd hat man in der Volkswirtschaftslehre das technisch-ökonomische Problem der Gütererzeugung und das Problem der Güterverteilung, der „sozialen Gerechtigkeit", als Wertmaßstäbe in den Vordergrund gerückt oder auch naiv identifiziert – und über beiden erhob sich doch immer wieder, halb unbewußt und dennoch alles beherrschend, die Erkenntnis, daß eine Wissenschaft vom *Menschen*, und das ist die Volkswirtschaftslehre, vor allem nach der *Qualität der Menschen* fragt, welche durch jene ökonomischen und sozialen Daseinsbedingungen herangezüchtet werden. Und hier hüten wir uns vor einer Illusion.

Die Volkswirtschaftslehre als erklärende und analysierende Wissenschaft ist *international*, allein sobald sie *Werturteile* fällt, ist sie gebunden an diejenige Ausprägung des Menschentums, die wir in unserem eigenen Wesen finden. Sie ist es oft gerade dann am meisten, wenn wir unserer eigenen Haut am meisten entronnen zu sein glauben. Und – um ein etwas phantastisches Bild zu brauchen – vermöchten wir nach Jahrtausenden dem Grab zu entsteigen, so wären es die fernen Spuren unseres eigenen Wesens, nach denen wir im Antlitz des Zukunftsgeschlechts forschen würden. Auch unsre höchsten und letzten irdischen Ideale sind wandelbar und vergänglich. Wir können sie der Zukunft nicht aufzwingen wollen. Aber wir können wollen, daß sie in unserer Art die Art *ihrer eigenen Ahnen* erkennt. Wir, mit unserer Arbeit und unserem Wesen, wollen die Vorfahren des Zukunftsgeschlechts sein.

Die Volkswirtschaftspolitik eines deutschen Staatswesens, ebenso wie der Wertmaßstab des deutschen volkswirtschaftlichen Theoretikers können deshalb nur deutsche sein.

Ist dem vielleicht anders, seit die ökonomische Entwicklung über die nationalen Grenzen hinaus eine umfassende Wirtschaftsgemeinschaft der Nationen herzustellen begann? Ist jener „nationalistische" Beurteilungsmaßstab ebenso wie der „Nationalegoismus" in der Volkswirtschaftspolitik seitdem zum alten Eisen zu werfen? – Ja, – ist denn der Kampf für die ökonomische Selbstbehauptung, für das eigene Weib und Kind überwunden, seit die Familie ihrer einstigen Funktionen als Produktionsgemeinschaft entkleidet und verflochten ist in den Kreis der volkswirtschaftlichen Gemeinschaft? Wir wissen, es ist nicht der Fall: dieser Kampf hat *andere Formen* angenommen, – Formen, von denen sich noch fragen ließe, ob sie als eine Milderung und nicht vielmehr als eine Verinnerlichung und Verschärfung anzusehen seien. So ist auch die volkswirtschaftliche Gemeinschaft nur eine andere Form des Ringens der Nationen miteinander, und eine solche, welche den Kampf für die Behauptung der eigenen Kultur nicht gemildert, sondern *erschwert* hat, weil sie materiellen Interessen im eigenen Schoße der Nation als Bundesgenossen gegen deren Zukunft in die Schranken ruft.

Nicht Frieden und Menschenglück haben wir unseren Nachfahren mit auf den Weg zu geben, sondern den *ewigen Kampf* um die Erhaltung und Emporzüchtung unserer nationalen Art. Und wir dürfen uns nicht der optimistischen Hoffnung hingeben, daß mit der höchstmöglichen Entfaltung wirtschaftlicher Kultur bei uns die Arbeit gethan sei und die Auslese im freien und „friedlichen" ökonomischen Kampfe dem höher entwickelten Typus alsdann von selbst zum Siege verhelfen werde.

Nicht in erster Linie für die Art der volkswirtschaftlichen Organisation, die wir ihnen überliefern, werden unsere Nachfahren uns vor der Geschichte verantwortlich machen, sondern für das Maß des Ellenbogenraums, den wir ihnen in der Welt erringen und hinterlassen. Machtkämpfe sind in letzter Linie auch die ökonomischen Entwicklungsprozesse, die Machtinteressen der Nation sind, wo sie in Frage gestellt sind, die letzten und entscheidenden Interessen, in deren Dienst ihre Wirtschaftspolitik sich zu stellen hat, die Wissenschaft von der Volkswirtschaftspolitik ist eine *politische* Wissenschaft. Sie ist eine Dienerin der Politik, nicht der Tagespolitik der jeweils herrschenden Machthaber und Klassen, sondern der dauernden machtpolitischen Interessen der Nation. Und der *Nationalstaat* ist uns nicht ein unbestimmtes Etwas, welches man um so höher zu stellen glaubt, je mehr man sein Wesen in mystisches Dunkel hüllt, sondern die weltliche Machtorganisation der Nation, und in diesem Nationalstaat ist für uns der letzte Wertmaßstab auch der volkswirtschaftlichen Betrachtung die „*Staatsraison*". Sie bedeutet uns nicht, wie ein seltsames Mißverständnis glaubt: „Staatshülfe" statt der „Selbsthülfe", staatliche Reglementierung des Wirtschaftslebens statt des freien Spiels der wirtschaftlichen Kräfte, sondern wir wollen mit diesem Schlagwort die Forderung erheben, daß für die Fragen der deutschen Volkswirtschaftspolitik, – auch für die Frage unter anderen, ob und wieweit der Staat in das Wirtschaftsleben eingreifen oder ob und wenn er vielmehr die ökonomischen Kräfte der Nation zu eigener freier Entfaltung losbinden und ihre Schranken niederreißen solle, – im einzelnen Falle das letzte und entscheidende Votum den ökonomischen und politischen Machtinteressen unserer Nation und ihres Trägers, des deutschen Nationalstaates, zustehen soll. –

War es etwa überflüssig, an diese scheinbaren Selbstverständlichkeiten zu erinnern? oder doch, daß gerade ein jüngerer Vertreter der ökonomischen Wissenschaften daran erinnerte? – Ich glaube nicht, denn es scheint, daß gerade unsere Generation diese einfachsten Urteilsgrundlagen nicht selten am leichtesten aus den Augen verliert. Wir sind Zeugen, wie ihr Interesse für die Fragen, die gerade unsere Wissenschaft bewegen, in ungeahntem Maße wächst. Auf allen Gebieten finden wir die ökonomische Betrachtungsweise im Vordringen. Sozialpolitik an Stelle der Politik, ökonomische Machtverhältnisse an Stelle der Rechtsverhältnisse, Kultur- und Wirtschaftsgeschichte an Stelle politischer Geschichte treten in den Vordergrund der Betrachtung. In hervorragenden Werken unserer historischen Kollegen finden wir da, wo uns früher von den Kriegsthaten unserer Vorfahren erzählt wurde, heute den Unhold des „Mutterrechtes" sich in die Breite dehnen und die Hunnenschlacht auf den katalaunischen Feldern in einen Nebensatz gedrängt. Die Jurisprudenz glaubt das Selbstgefühl eines unserer geistreichsten Theoretiker als eine „Magd der Nationalökonomie" bezeichnen zu können. Und Eines ist ja wahr: auch in die Jurisprudenz drang die ökonomische Form der Betrachtung, selbst in ihrem Intimum, in den Handbüchern der Pandektisten beginnt es hie und da leise ökonomisch zu spuken; und in den Urteilen der Gerichte finden wir nicht selten, wo die juristischen Begriffe zu Ende gingen, sogenannte „wirtschaftliche Gesichtspunkte" an die Stelle gesetzt, – kurz, um das halb vorwurfsvolle Wort eines juristischen Kollegen zu gebrauchen: wir sind „in die Mode gekommen". – Eine Betrachtungsweise, welche sich so selbstbewußt Bahn bricht, geräth in die Gefahr gewisser Illusionen und einer Ueberschätzung der Tragweite der eigenen Gesichtspunkte, – einer Ueberschätzung zumal in einer ganz bestimmten Richtung. Wie die Verbreiterung des Stoffes der *philosophischen* Betrachtung, – welche sich schon äußerlich darin kenntlich macht, daß wir heute vielfach die alten Lehrstühle der Philosophie den Händen z. B. hervorragender Physiologen anvertraut finden, – unter uns Laien vielfach zu der Meinung geführt hat, als seien die alten Fragen nach dem Wesen des menschlichen Erkennens nicht mehr die letzten und centralen Probleme der Philosophie, so hat sich in den Köpfen der aufwachsenden Generation auch die Vorstellung gebildet, als sei Dank der Arbeit der nationalökonomischen Wissenschaft nicht nur die *Erkenntnis* des Wesens der menschlichen Gemeinschaften gewaltig erweitert, sondern auch der *Maßstab*, an welchem wir in letzter Linie die Erscheinungen *bewerten*, ein völlig neuer geworden, als sei die politische Oekonomie in der Lage, ihrem eigenen Stoff eigenartige Ideale zu entnehmen. Die optische Täuschung, als gäbe es selbständige ökonomische oder „sozialpolitische" Ideale, wird freilich als solche klar, sobald man an der Hand der Litteratur unserer Wissenschaft diese „eigenen" Grundlagen der Bewertung zu ermitteln sucht. Ein *Chaos* von Wertmaßstäben teils eudämonistischer, teils ethischer Art, oft beider in unklarer Identifikation, tritt uns entgegen. Werturteile werden überall unbefangen gefällt – und ein Verzicht auf die *Beurteilung* der ökonomischen Erscheinungen bedeutete ja in der That den Verzicht auf eben diejenige Leistung, die man von uns verlangt. Aber nicht die Regel, sondern fast die Ausnahme ist es, daß der Urteilende Andere *und sich selbst* ins Klare setzt über den letzten subjektiven Kern seiner Urteile, eben über die *Ideale*, von welchen aus er zur Beurteilung der beobachteten Vorgänge schreitet: die bewußte Selbstkontrolle fehlt, die inneren Widersprüche des Urteils kommen dem Schriftsteller nicht zum Bewußtsein und, wo er sein spezifisch „ökonomisches" Prinzip der Beurteilung allgemein zu formuliren sucht, fällt er in vage Unbestimmtheiten. In Wahrheit sind es *keine* eigenartigen und selbstgewonnenen, sondern die *alten allgemeinen Typen menschlicher Ideale*, die wir auch in den Stoff unserer Wissenschaft hineintragen. Nur wer ausschließlich das rein platonische Interesse des Technologen oder wer umgekehrt die aktuellen Interessen einer bestimmten, sei es herrschenden oder beherrschten Klasse zu Grunde legt, kann jenem Stoffe selbst einen eigenen Maßstab zu seiner Beurteilung entnehmen wollen.

Und sollte es so ganz unnötig sein, daß gerade wir Jünger der deutschen historischen Schule uns diese überaus einfachen Wahrheiten vor Augen führen? Gerade wir verfallen leicht einer speziellen Illusion: derjenigen, uns des eigenen bewußten Werturteiles *überhaupt enthalten* zu können. Die Folge ist freilich, wie man sich leicht überzeugen kann, nicht, daß wir einem entsprechenden Vorsatze treu bleiben, sondern daß wir unkontrollierten Instinkten, Sympathien und Antipathien, verfallen. Und noch leichter widerfährt es uns, daß der Punkt, von welchem wir bei der Analyse und *Erklärung* der volkswirtschaftlichen Vorgänge ausgingen, unbewußt auch bestimmend wird für unser *Urteil* darüber. Vielleicht werden gerade wir uns davor zu bewahren haben, daß diejenigen großen Eigenschaften der toten und lebenden Meister unserer Schule, denen sie und die Wissenschaft ihre Erfolge verdanken, sich bei uns nicht in Fehler verwandeln. Zweierlei verschiedene Ausgangspunkte der Betrachtung kommen praktisch hauptsächlich in Betracht:

Entweder wir blicken auf die ökonomische Entwicklung vornehmlich von oben her: von der Höhe der Verwaltungsgeschichte großer deutscher Staaten aus, deren Verwaltung und Verhalten in ökonomischen und sozialen Dingen wir in seiner Genesis verfolgen, – und unfreiwillig werden wir ihre Apologeten. Wenn – um bei unserem Beispiel zu bleiben – die Verwaltung sich entschließt, die östliche Grenze zu schließen, so werden wir geneigt und imstande sein, darin den Abschluß einer historischen Entwicklungsreihe zu finden, welche im Gefolge großer Reminiscenzen der Vergangenheit dem heutigen Staate hohe Aufgaben im Interesse der Kulturpflege der eigenen Nation stellt, – und unterbleibt jener Entschluß, so liegt uns die Erkenntnis näher, daß derartige radikale Eingriffe teils unnötig, teils den heutigen Anschauungen nicht mehr entsprechend seien.

Oder aber: wir betrachten die ökonomische Entwicklung mehr von unten aus, sehen das große Schauspiel, wie aus dem Chaos ökonomischer Interessenkonflikte sich die Emanzipationskämpfe aufsteigender Klassen abheben, beobachten, wie die ökonomische Machtlage sich zu ihren Gunsten verschiebt – und unbewußt nehmen wir Partei für die, welche aufsteigen, weil sie die Stärkeren sind oder zu werden beginnen. Eben dadurch, daß sie siegen, scheinen sie ja zu beweisen, daß sie einen „ökonomisch" *höher* stehenden Typus des Menschentums darstellen: allzuleicht beherrscht den Historiker die Vorstellung, daß der Sieg der *höher* entwickelten Elemente im Kampfe selbstverständlich und das Unterliegen im Daseinskampf Symptom der „Rückständigkeit" sei. Und jedes neue der zahlreichen Symptome jener Machtverschiebung bietet ihm dann nicht nur deshalb eine Genugthuung, weil es seine Beobachtungen bestätigt, sondern halb unbewußt empfindet er es wie einen persönlichen Triumph: die Geschichte löst die Wechsel ein, welche er auf sie zog. Die Widerstände, welche jene Entwicklung findet, beobachtet er, ohne es zu wissen, mit einer gewissen Animosität, sie erscheinen ihm, ungewollt, nicht einfach als naturgemäße Ausflüsse selbstverständlicher Interessenvertretung, sondern gewissermaßen als Auflehnung gegen das „Urteil der Geschichte", wie es der Historiker formulierte. Die Kritik, welche wir auch an Vorgängen zu üben haben, die uns als das unreflektierte Ergebnis geschichtlicher Entwicklungstendenzen erscheinen, verläßt uns dann gerade da, wo wir ihrer am nötigsten bedürfen. Allzunahe liegt ja für uns ohnehin die Versuchung, das Gefolge des Siegers im ökonomischen Machtkampf zu bilden und dabei *zu vergessen, daß ökonomische Macht und Beruf zur politischen Leitung der Nation nicht immer zusammenfallen.*

Denn – und damit werden wir zu einer letzten Reihe von Betrachtungen mehr praktisch-politischer Art geführt – an jenem *politischen Wertmaßstab*, der uns ökonomischen Nationalisten der für uns einzig souveräne ist, messen wir auch die Klassen, welche die Leitung der Nation in der Hand haben oder erstreben. Wir fragen nach ihrer *politischen Reife*, das heißt nach ihrem Verständnis und ihrer jeweiligen Befähigung, die dauernden ökonomischen und politischen *Macht*interessen der Nation über alle anderen Erwägungen zu stellen. Eine Gunst des Schicksals für die Nation ist es, wenn die naive Identifikation der Interessen der eigenen Klasse mit denen der Allgemeinheit den dauernden Machtinteressen auch der letzteren entspricht. Und es ist andererseits auch eine der Täuschungen, welche auf der modernen Ueberschätzung des „Oekonomischen" im gewöhnlichen Sinne des Wortes beruhen, wenn man meint, daß die politischen Gemeingefühle eine Belastungsprobe durch abweichende ökonomische Tagesinteressen nicht vertrügen, womöglichst selbst *nur* eine Widerspiegelung des ökonomischen Unterbaues jener wandelbaren Interessenlage seien. Das trifft nur in Zeiten fundamentaler sozialer Umschichtung annähernd zu. – Eins nur ist wahr: bei Nationen, welchen die Abhängigkeit ihrer ökonomischen Blüte von ihrer politischen Machtlage nicht, wie der englischen, täglich vor Augen geführt wird, wohnen die Instinkte für diese spezifisch politischen Interessen *nicht*, wenigstens nicht in der Regel, in den breiten *Massen* der Nation, die mit der Not des Tages zu ringen haben, – es wäre ungerecht, sie von ihnen zu beanspruchen. In großen Momenten, im Fall des Krieges, tritt auch ihnen die Bedeutung der nationalen Macht vor die Seele, – dann zeigt sich, daß der nationale Staat auf urwüchsigen psychologischen Unterlagen auch bei den breiten ökonomisch beherrschten Schichten der Nation ruht und keineswegs nur ein „Ueberbau", die Organisation der ökonomisch herrschenden Klassen ist. Allein in normalen Zeiten sinkt dieser politische Instinkt bei der Masse unter die Schwelle des Bewußtseins. Dann ist es die spezifische Funktion der ökonomisch und politisch leitenden Schichten, Träger des politischen Sinnes zu sein, der einzige Grund, der politisch ihr Vorhandensein zu rechtfertigen vermag.

Die *Erlangung ökonomischer Macht* ist es zu allen Zeiten gewesen, welche bei einer Klasse die Vorstellung ihrer *Anwartschaft auf die politische Leitung* entstehen ließ. Gefährlich und auf die Dauer mit dem Interesse der Nation unvereinbar ist es, wenn eine ökonomisch sinkende Klasse die politische Herrschaft in der Hand hält. Aber gefährlicher noch ist es, wenn Klassen, zu denen *hin* sich die ökonomische Macht und damit die Anwartschaft auf die politische Herrschaft bewegt, politisch noch nicht reif sind zur Leitung des Staates. Beides bedroht Deutschland zur Zeit und ist in Wahrheit der Schlüssel für die derzeitigen Gefahren unserer Lage. Und auch die Umschichtungen der sozialen Struktur des Ostens, mit denen die im Eingang besprochenen Erscheinungen zusammenhängen, gehören in diesen größeren Zusammenhang.

Bis in die Gegenwart hinein hat im preußischen Staat die Dynastie politisch sich auf den Stand der preußischen *Junker* gestützt. Gegen ihn zwar, aber doch auch nur mit ihm, hat sie den preußischen Staat geschaffen. Ich weiß es wohl, daß der Name der Junker süddeutschen Ohren unfreundlich klingt. Man wird vielleicht finden, ich spräche eine „preußische" Sprache, wenn ich ein Wort zu ihren Gunsten sage. Ich wüßte nicht. Noch heute führen in Preußen für jenen Stand viele Wege zu Einfluß und Macht, viele Wege auch an das Ohr des Monarchen, die nicht jedem Staatsbürger sich ebnen; er hat diese Macht nicht immer so gebraucht, wie er es vor der Geschichte verantworten kann, und ich sehe nicht ein, weshalb ein bürgerlicher Gelehrter ihn lieben sollte. Allein trotz alledem war die Kraft seiner politischen Instinkte eins der gewaltigsten Kapitalien, welche im Dienst der Machtinteressen des Staates verwendet werden konnten. – Sie haben ihre Arbeit geleistet und liegen heute im ökonomischen Todeskampf, aus dem keine Wirtschaftspolitik des Staates sie zu ihrem alten sozialen Charakter zurückführen könnte. Und auch die Aufgaben der Gegenwart sind andere, als solche, die von ihnen gelöst werden könnten. Ein Vierteljahrhundert stand an der Spitze Deutschlands der letzte und größte der Junker, und die Tragik, welche seiner staatsmännischen Laufbahn neben ihrer unvergleichlichen Größe anhaftete und die sich heute noch immer dem Blick Vieler entzieht, wird die Zukunft wohl darin finden, daß unter ihm das Werk seiner Hände, die Nation, der er die Einheit gab, langsam und unwiderstehlich ihre ökonomische Struktur veränderte und eine andere wurde, ein Volk, das andere Ordnungen fordern mußte, als solche, die er ihm geben und denen seine cäsarische Natur sich einfügen konnte. Im letzten Grund ist eben dies es gewesen, was das teilweise Scheitern seines Lebenswerkes herbeigeführt hat. Denn dieses Lebenswerk hätte doch nicht nur zur äußeren, sondern auch zur inneren Einigung der Nation führen sollen und jeder von uns weiß: das ist nicht erreicht. Es konnte mit seinen Mitteln nicht erreicht werden. Und als er im Winter letzten Jahres, umstrickt von der Huld seines Monarchen, in die geschmückte Reichshauptstadt einzog, da – ich weiß es wohl – gab es viele, welche so empfanden, als öffne der Sachsenwald wie ein moderner Kyffhäuser seine Tiefen. Allein nicht Alle haben diese Empfindung geteilt. Denn es schien, als sei in der Luft des Januartages der kalte Hauch geschichtlicher Vergänglichkeit zu spüren. Uns überkam ein eigenartig beklemmendes Gefühl, – als ob ein Geist herniederstiege aus einer großen Vergangenheit und wandelte unter einer neuen Generation durch eine ihm fremde gewordene Welt. –

Die Gutshöfe des Ostens waren die Stützpunkte der über das Land dislocirten herrschenden Klasse Preußens, der soziale Anschlußpunkt des Beamtentums, – aber unaufhaltsam rückt mit ihrem Zerfall, mit dem Schwinden des sozialen Charakters des alten Grundadels, der Schwerpunkt der politischen Intelligenz in die Städte. *Diese* Verschiebung ist das entscheidende *politische* Moment der agrarischen Entwicklung des Ostens.

Welches aber sind die Hände, in welche jene politische Funktion des Junkertums hinübergleitet und wie steht es mit ihrem politischen Beruf?

Ich bin ein Mitglied der bürgerlichen Klassen, fühle mich als solches und bin erzogen in ihren Anschauungen und Idealen. Allein es ist der Beruf gerade unserer Wissenschaft, zu sagen, was ungern gehört wird, – nach oben, nach unten, und auch der eigenen Klasse, – und wenn ich mich frage, ob das Bürgertum Deutschlands heute reif ist, die politisch leitende Klasse der Nation zu sein, so vermag ich *heute* nicht diese Frage zu bejahen. Nicht aus eigener Kraft des Bürgertums ist der deutsche Staat geschaffen worden, und als er geschaffen war, stand an der Spitze der Nation jene Cäsarengestalt aus anderem als bürgerlichem Holze. Große machtpolitische Aufgaben wurden der Nation nicht abermals gestellt, weit später erst, schüchtern und halb widerwillig, begann eine überseeische „Machtpolitik", die diesen Namen nicht verdient.

Und nachdem so die Einheit der Nation errungen war und ihre politische „Sättigung" feststand, kam über das aufwachsende erfolgstrunkene und friedensdurstige Geschlecht des deutschen Bürgertums ein eigenartig „unhistorischer" und unpolitischer Geist. Die deutsche Geschichte schien zu Ende. Die Gegenwart war die volle Erfüllung der vergangenen Jahrtausende, – wer wollte fragen, ob die Zukunft anders urteilen möchte? Die Bescheidenheit verbot ja – so schien es – der Weltgeschichte, zur Tagesordnung ihres alltäglichen Verlaufes überzugehen über diese Erfolge der deutschen

Nation. Heute sind wir nüchtern geworden, es ziemt uns der Versuch, den Schleier der Illusionen zu lüften, der uns die Stellung unserer Generation in der historischen Entwicklung des Vaterlandes verhüllt. Und es scheint mir, daß wir dann anders urteilen. An unserer Wiege stand der schwerste Fluch, den die Geschichte einem Geschlecht als Angebinde mit auf den Weg zu geben vermag: das harte Schicksal des politischen *Epigonentums*.

Schaut uns nicht eben jetzt, wohin wir blicken im Vaterland, sein kümmerliches Antlitz entgegen? In den Vorgängen der letzten Monate, welche bürgerliche Politiker in erster Reihe zu verantworten haben, in allzu Vielem, was in den letzten Tagen im deutschen Parlament und in Manchem, was zu ihm gesprochen wurde, erkannten diejenigen von uns, denen die Fähigkeit des Hasses gegen das Kleine geblieben ist, mit der Leidenschaft zorniger Trauer das kleinliche Treiben politischer Epigonen. Die gewaltige Sonne, welche im Zenith Deutschlands stand und den deutschen Namen in die fernsten Winkel der Erde leuchten ließ, war, so scheint es fast, zu groß für uns und hat die langsam sich entwickelnde politische Urteilsfähigkeit des Bürgertums ausgebrannt. Denn was erleben wir an ihm?

Nur allzu offenkundig sehnt sich ein Teil des Großbürgertums nach dem Erscheinen eines neuen Cäsar, der sie schirme – nach unten gegen aufsteigende Volksklassen – nach oben gegen sozialpolitische Anwandlungen, deren ihnen die deutschen Dynastien verdächtig sind.

Und ein anderer Teil ist längst versunken in jene politische Spießbürgerei, aus welcher die breiten Schichten des Kleinbürgerthums noch niemals erwacht sind. Schon als nach den Einheitskriegen die ersten Anfänge positiver politischer Aufgaben der Nation nahe traten, der Gedanke einer überseeischen Expansion, – da fehlte ihm selbst jenes einfachste *ökonomische* Verständnis, welches ihm gesagt hätte, was es für den Handel

Deutschlands in fernen Meeren bedeutet, wenn an den Küsten umher die deutschen Fahnen wehen.

Nicht ökonomische Gründe, auch nicht die vielberufene „Interessenpolitik", welche andere Nationen in nicht geringerem Maße kennen als wir, sind Schuld an der politischen Unreife breiter Schichten des deutschen Bürgertums, der Grund liegt in seiner unpolitischen Vergangenheit, darin daß die politische Erziehungsarbeit eines Jahrhunderts sich nicht in einem Jahrzehnt nachholen ließ und daß die Herrschaft eines großen Mannes nicht immer ein Mittel politischer Erziehung ist. Und die ernste Frage für die politische Zukunft des deutschen Bürgertums ist jetzt: ob es nicht nunmehr zu *spät* ist, sie nachzuholen. Kein *ökonomisches* Moment kann sie ersetzen.

Werden andere Klassen die Träger einer politisch größeren Zukunft sein? Selbstbewußt meldet sich das moderne Proletariat als Erbe der bürgerlichen Ideale. Wie steht es mit seiner Anwartschaft auf die politische Leitung der Nation?

Wer heute der deutschen Arbeiterklasse sagen würde, sie sei politisch reif oder auf dem Weg zur politischen Reife, der wäre ein Schmeichler und strebte nach der fragwürdigen Krone der Popularität.

Oekonomisch sind die höchsten Schichten der deutschen Arbeiterklasse weit reifer, als der Egoismus der besitzenden Klassen zugeben möchte, und mit Recht fordert sie die Freiheit, auch in der Form des offenen organisierten ökonomischen Machtkampfes ihre Interessen zu vertreten. *Politisch* ist sie unendlich unreifer, als eine Journalistenclique, welche ihre Führung monopolisieren möchte, sie glauben machen will. Gern spielt man in den Kreisen dieser deklassierten Bourgeois mit den Reminiscenzen aus der Zeit vor 100 Jahren – man hat damit in der That erreicht, daß hier und da ängstliche Gemüter in ihnen die geistigen Nachkommen der Männer des Konvents erblicken. Allein sie sind unendlich harmloser, als sie selbst sich erscheinen, es lebt in ihnen kein Funke jener katilinarischen Energie der *That*, aber freilich auch kein Hauch der gewaltigen *nationalen* Leidenschaft, die in den Räumen des Konventes wehten. Kümmerliche politische Kleinmeister sind sie, – es fehlen ihnen die großen Machtinstinkte einer zur politischen Führung berufenen Klasse. Nicht nur die Interessenten des Kapitals, wie man die Arbeiter glauben macht, sind heute politische Gegner ihrer Mitherrschaft im Staate. Wenig Spuren der Interessengemeinschaft mit dem Kapital fänden sie bei Durchforschung der deutschen Gelehrtenstuben. Aber: wir fragen *auch sie* nach ihrer *politischen Reife*, und weil es für eine große Nation nichts Vernichtenderes giebt, als die Leitung durch ein *politisch* unerzogenes *Spießbürgertum*, und weil das deutsche Proletariat diesen Charakter noch nicht verloren hat, *deshalb* sind wir seine politischen Gegner. Und weshalb ist das Proletariat Englands und Frankreichs zum Teil anders geartet? Nicht nur die ältere *ökonomische* Erziehungsarbeit, welche der organisierte Interessenkampf der englischen Arbeiterschaft an ihr vollzogen hat, ist der Grund: es ist vor allem wiederum ein *politisches* Moment: die *Resonanz* der *Weltmachtstellung*, welche den Staat stetig vor große machtpolitische Aufgaben stellt und den einzelnen in eine chronische politische Schulung nimmt, die er bei uns nur, wenn die Grenzen bedroht sind, akut empfängt. – Entscheidend ist auch für *unsere* Entwicklung, ob eine große Politik uns wieder die Bedeutung der großen politischen Machtfragen vor Augen zu stellen vermag. Wir müssen begreifen, daß die Einigung Deutschlands ein Jugendstreich war, den die Nation auf ihre alten Tage beging und seiner Kostspieligkeit halber besser unterlassen hätte, wenn sie der Abschluß und nicht der Ausgangspunkt einer deutschen Weltmachtpolitik sein sollte.

Das *Drohende* unserer Situation aber ist: daß die bürgerlichen Klassen als Träger der Machtinteressen der Nation zu verwelken scheinen und noch keine Anzeichen dafür vorhanden sind, daß die Arbeiterschaft reif zu werden beginnt, an ihre Stelle zu treten.

Nicht – wie diejenigen glauben, welche hypnotisiert in die Tiefen der Gesellschaft starren, – bei den *Massen* liegt die Gefahr. Nicht eine Frage nach der *ökonomischen* Lage der *Beherrschten*, sondern die vielmehr nach der *politischen* Qualifikation der *herrschenden und aufsteigenden* Klassen ist auch der letzte Inhalt des *sozial*politischen Problems. Nicht Weltbeglückung ist der Zweck unserer sozialpolitischen Arbeit, sondern die soziale *Einigung* der Nation, welche die moderne ökonomische Entwicklung sprengte, für die schweren Kämpfe der Zukunft. Gelänge es in der That, eine „Arbeiteraristokratie" zu schaffen, welche Trägerin des politischen Sinnes wäre, den wir heute an der Arbeiterbewegung vermissen, dann erst möge der Speer, für welchen der Arm des Bürgertums noch immer nicht stark genug zu werden scheint, auf jene breiteren Schultern abgelegt werden. Bis dahin scheint es noch ein weiter Weg.

Für jetzt aber sehen wir Eines: eine ungeheure *politische* Erziehungsarbeit ist zu leisten und keine ernstere Pflicht besteht für uns, als, ein Jeder in seinem kleinen Kreise, uns eben *dieser* Aufgabe bewußt zu sein: an der *politischen* Erziehung unserer Nation mitzuarbeiten, welche das letzte Ziel auch gerade unserer Wissenschaft bleiben muß. Die ökonomische Entwicklung der Uebergangsperioden bedroht die natürlichen politischen Instinkte mit Zersetzung; es wäre ein Unglück, wenn auch die ökonomische Wissenschaft dem gleichen Ziele zustrebte, indem sie einen weichen Eudämonismus, wenn auch in noch so vergeistigter Form, hinter der Illusion selbständiger „sozialpolitischer" Ideale züchtete.

Freilich dürfen deshalb gerade wir wohl daran erinnern, daß es das Gegenteil von politischer Erziehung ist, wenn man ein Mißtrauensvotum gegen die friedliche soziale Zukunft der Nation in Paragraphen zu formulieren sucht, oder wenn das brachium saeculare nach der Hand der Kirche greift zur Stütze zeitlicher Autoritäten. Aber das Gegenteil von politischer Erziehung bekundet auch das schablonenhafte Gekläff jenes stets anwachsenden Chorus der – wenn mir der Ausdruck verziehen wird – Wald- und Wiesen-

Sozialpolitiker, und ebenso jene menschlich liebenswürdige und achtungswerte, dennoch aber unsäglich spießbürgerliche Erweichung des Gemütes, welche politische Ideale durch „ethische" ersetzen zu können meint und diese wieder harmlos mit optimistischen Glückshoffnungen identifiziert. –

Auch angesichts der gewaltigen Not der Massen der Nation, welche das geschärfte soziale Gewissen der neuen Generation belastet, müssen wir aufrichtig bekennen: schwerer noch lastet auf uns heute das Bewußtsein unserer Verantwortlichkeit *vor der Geschichte*. Nicht unserer Generation ist beschieden zu sehen, ob der Kampf, den wir führen, Früchte trug, ob sich die Nachwelt zu *uns als ihren Ahnen* bekennt. Es wird uns nicht gelingen, den Fluch zu bannen, unter dem wir stehen: Nachgeborene zu sein einer politisch großen Zeit, – es müßte denn sein, daß wir verstünden, etwas Anderes zu werden: Vorläufer einer größeren. Wird das unser Platz in der Geschichte sein? Ich weiß es nicht und sage nur: es ist das Recht der Jugend, zu sich selbst und ihren Idealen zu stehen. Und nicht die Jahre sind es, die den Menschen zum Greise machen: jung ist er, solange er mit den *großen* Leidenschaften, welche die Natur in uns legte, zu empfinden vermag. Und so – damit lassen Sie mich schließen – so sind es nicht die Jahrtausende einer ruhmreichen Geschichte, unter deren Last eine große Nation altert. Sie bleibt jung, wenn sie die Fähigkeit und den Mut hat, sich zu sich selbst und den großen Instinkten, die ihr gegeben sind, zu bekennen, und wenn ihre führenden Schichten sich hinaufzuheben vermögen in die harte und klare Luft, in welcher die nüchterne Arbeit der deutschen Politik gedeiht, die aber auch durchweht ist von der ernsten Herrlichkeit des nationalen Empfindens.

1   „Gemeindelexikon" Berlin 1887.

2   Für die soziale Schichtung ist diese Verwaltungseinteilung dennoch charakteristischer als die Zugrundlegung der Betriebsverteilung. In der Ebene sind Gutsbetriebe unter 100, auf der Höhe Bauernbetriebe über 200 Hektar nichts seltenes.

3   Z. B. hatten die Gutsbezirke des Kreises Stuhm 1871–1885 einen Bevölkerungsrückgang um 6,7 %, der Anteil der Protestanten an der christlichen Bevölkerung ging von 33,4 auf 31,3 zurück. Die Dörfer der Kreise Konitz und Tuchel hatten + 8 %, der Anteil der Katholiken steig von 84,7 auf 86,0 %.

4   Ich glaube kaum, bemerken zu müssen, daß die naturwissenschaftlichen Streitfragen über die Tragweite des Selektionsprinzipes, überhaupt die *naturwissenschaftliche* Verwendung des Begriffes der „Züchtung" und alle Erörterungen, die sich daran auf jenem, mir fremden Gebiete knüpfen, für die obigen Bemerkungen irrelevant sind. Der *Begriff* der „Auslese" ist heute ebenso Gemeingut, wie etwa die heliocentrische Hypothese, und der Gedanke der Menschen-„Züchtung" gehört schon dem platonischen Staat an. Beide Begriffe sind z. B. schon von F. A. Lange in seiner „Arbeiterfrage" verwendet und bei uns längst derart heimisch, daß ein Mißverständnis ihres Sinnes für Niemand, der unsere Litteratur kennt, möglich ist. Schwieriger ist die Frage, wieweit den neuesten, geistreichen, aber nach Methode und sachlichen Ergebnissen erhebliche Bedenken erregenden, in mancher Uebertreibung zweifellos verfehlten Versuchen der Anthropologen, die Tragweite des Auslesegesichtspunkts im Sinne Darwins und Weismanns auch auf dem Boden der ökonomischen Forschung zu verbreiten, dauernder Wert zukommt. Trotzdem verdienen z. B. die Schriften von *Otto Ammon* („Die natürliche Auslese beim Menschen". „Die Gesellschaftsordnung und ihre natürlichen Grundlagen") jedenfalls mehr Aufmerksamkeit als ihnen zu Teil wird, – unbeschadet aller zu machender Vorbehalte. Ein Fehler der meisten von naturwissenschaftlicher Seite gelieferten Beiträge zur Beleuchtung der Fragen unserer Wissenschaft liegt in dem verfehlten Ehrgeiz, vor allen Dingen den Sozialismus „widerlegen" zu wollen. Im Eifer dieses Zweckes wird aus der vermeintlichen „naturwissenschaftlichen Theorie" der Gesellschaftsordnung unwillkürlich eine Apologie derselben.

5   Jene Forderung stellt jetzt in dem gleichen Gedankenzusammenhang insbesondere auch Professor Schmoller in seinem Jahrbuch. In der That ist derjenige Teil des Großgrundbesitzerstandes, dessen Erhaltung als landwirtschaftlicher Betriebsleiter staatlich von Wert ist, vielfach nur als Domänenpächter, nicht als Eigentümer zu halten. Allerdings bin ich der

Ansicht, daß der Bodenankauf nur in organischer Verbindung mit einer Kolonisation geeigneter Domänen einen dauernden Sinn hat, derart also, daß ein Teil des östlichen Bodens die Hände des Staates durchläuft und während er sich in diesen befindet, eine energische Meliorationskur mit staatlichen Krediten durchmacht. Die Schwierigkeit, mit welcher die Ansiedlungskommission zu ringen hat, ist abgesehen von der Belastung mit der „Nachkur" der angesetzten Kolonisten, welche nebst ihren Stundungsgesuchen nach einiger Zeit besser dem etwas hartherzigeren gewöhnlichen Fiskus überantwortet würden, darin begründet, daß die angekauften Güter zum großen Teil besser erst ein Jahrzehnt sich in einer solchen Kur in der Hand von Domänenpächtern befänden. Jetzt muß die Melioration Hals über Kopf im Wege der Administration mit großen Verlusten ausgeführt werden, während sicherlich zahlreiche Domänen zur alsbaldigen Kolonisation geeignet wären. Die durch diese Schwierigkeiten veranlaßte Langsamkeit des Verfahrens rechtfertigt freilich Hans Delbrücks Urteil über dessen nationalpolitische Wirkung in seinen verschiedenen bekannten Artikeln in den Preuß. Jahrbüchern keineswegs. Schon die mechanische Berechnung unter Vergleichung der Zahl der begründeten Bauernhöfe mit der Zahl der Polen ist für Niemand, der sich das Kulturwerk der Kolonisation an Ort und Stelle betrachtet hat, beweiskräftig; wenige Dörfer mit je ein Dutzend deutschen Höfen *germanisieren* eventuell mehrere Quadratmeilen, natürlich vorausgesetzt, daß der proletarische Nachschub aus dem Osten abgedämmt wird und daß man nicht, indem man die Abbröckelung und den Zerfall des Großbesitzes im Uebrigen sich selbst und dem durch die Rentengutsgesetze noch weiter entbundenen freien Spiel der Kräfte allein überläßt, dem Faß, in welches man schöpft, den Boden ausschlägt.